JAFFKE / SPIELZEUG von Eltern selbstgemacht

Der lieben Familie
Rolf Amsler in
Amerika von
Tante Donny;
und viel Freude mit den
Kindern beim
Spielen.

Arbeitsmaterial aus den Waldorfkindergärten

Heft 1

Herausgegeben von der
Internationalen Vereinigung der Waldorfkindergärten

SPIELZEUG

von Eltern selbstgemacht

Anregungen aus Kursen mit Eltern des
Kindergartens der Freien Georgenschule Reutlingen,
zusammengestellt von FREYA JAFFKE

VERLAG FREIES GEISTESLEBEN STUTTGART

Die Zeichnungen entstanden aus der Zusammenarbeit von
E. van Bekum, S. Rasmussen, W. Roggenkamp und A. Thoel

ISBN 3 7725 0627 5

7. Auflage 1977
© 1973 Verlag Freies Geistesleben GmbH Stuttgart

Herstellung: Genossenschaft ARPA-Druck, Langnau/Zürich

Inhalt

Der neuen Auflage zum Geleit	6
Vorwort	7
Bauhölzer	9
Zapfenvögelchen	10
Rindenschiff	10
Zipfel- oder Knotenpuppe	12
Einfache Marionetten	14
Gliederpuppe	16
Stehpuppen	21
Schlamperle	22
Handpuppe	24
Handfiguren-Wichtel	25
Strickpuppe	26
Steckbettchen für Puppen	27
Schäfchen oder Hasen	28
Schäfchen aus Krempelflor	29
Schäfer	29
Zwerge	30
Kordeln	31
Wollbänder	31
Tücher	33
Puppenstube	34
Purzelmännchen	36
Gestricktes Schäfchen	38
Holzständer	39
Hängematte für die Puppen	41
Anregungen für die Adventszeit	42
Spiel und Spielzeug im Vorschulalter	45
Literaturhinweis / Bezugsquellen	58

Der neuen Auflage zum Geleit

Dieses bereits erprobte Heft kommt überarbeitet und in neuem Gewande zu all den Menschen, die ihre Kinder lieben wollen. Das Kennzeichen unserer nach Bewusstheit in allen Lebenszusammenhängen strebenden Zeit ist es, dass selbst die Liebe zu den eigenen Kindern nicht selbstverständlich gelingt, ja dass der Liebewille oft hilflos davor steht, wie er sich äussern, wie er Leben und Tun werden soll. Denn Liebe hört auf, diesen Namen zu Recht zu tragen, wo sie in den Genuss umschlägt: kleine Kinder haben unter der sie nur geniessen wollenden "Liebe" ebenso zu leiden, wie unter der Beziehungslosigkeit, die heute immer mehr Mütter und Väter sich selbst und den anderen eingestehen.

Hier wird das Spiel mit dem Kinde zum Anfang einer neuen Beziehung. Liebe, und besonders die Liebe zum Kinde, lässt sich erlernen und erüben. Das heisst jedoch: tätig werden, nicht blind, sondern gedankenvoll und bewusst im Willen. In der gemeinsamen Tätigkeit erwacht ein warmes Interesse und aus ihm ein nachdenkliches Besinnen: Wer ist das, dieses Rätsel "mein" Kind? Gegenüber der sich uns anvertrauenden ewigen Individualität entstehen Aufmerksamkeit und Achtung.

Beobachte das freudig-ernsthaft spielende Kind - wie viel kannst du von ihm lernen! Wie eifert es, seine Ideen zu verwirklichen, wie entwickelt es Phantasie und immer neues Interesse! Lehrt es nicht das grosse Gesetz der Geburt, nach dem es angetreten ist? Wie etwas aus dem Unsichtbaren in die Erscheinung, aus dem Geist in die Inkarnation eintritt, - wie Liebe das irdische Leben durchströmt und verwandelt. Wenn wir nur mit dem Kinde und für es etwas tun, antwortet es unmittelbar mit Dankbarkeit, Vertrauen und liebevoller Anhänglichkeit. Sein Lebensinhalt und "Beruf", das Spiel, ist anerkannt.

Darum ist die erste Gabe "Aus der Praxis der Waldorfkindergärten" eine Materialsammlung, wie Eltern und Kindergärtnerinnen ihre Liebe zum Kinde am Auffinden und am Herstellen des rechten Spielzeugs entwickeln können. Der Nachdenklichkeit, die dem Betätigungswillen zugute kommen kann, ist der Beitrag über Spiel und Spielzeug im Vorschulalter gewidmet; das Interesse mag sich an den praktischen Anleitungen zur Herstellung des Spielzeugs entzünden.

Wer sich frisch ans Werk begibt, wird die gleiche Erfahrung machen wie die Benutzer der ersten Auflage dieses Heftes: Die Tätigen werden ihre Kinder neu und wahrhaftiger lieben lernen und ihnen zu gesundem, die schöpferischen Kräfte beflügelndem Spielen verhelfen.

November 1972   Helmut von Kügelgen

Vorwort

Das vorliegende Spielzeugbüchlein, das durch Anregung und unter Mithilfe einiger Kindergarteneltern entstanden ist, möchte diejenigen Menschen, die kleine Kinder gelegentlich mit Spielzeugen beschenken, zum Selbermachen anregen und sie auf Gesichtspunkte für den Spielzeugeinkauf hinweisen.

Neben den Dingen, die die Natur in so reichem Masse bietet und nach denen die Kinder unmittelbar greifen, sind solche Spielzeuge beschrieben, die aus einfachem, natürlichem Material für jedermann leicht herzustellen sind. Erfahrungsgemäss wird jedes Spielzeug, das von der Mutter oder dem Vater selbst gemacht wurde - unter Umständen im Beisein des Kindes - vom Kinde innig geliebt. Und diese so entstehende Beziehung der Erwachsenen zum Spielzeug und Spielen kann für das Kind eine wichtige Hilfe sein, mit der es in schöpferische Spielvorgänge hineinfinden kann.

Juni 1971   Freya Jaffke

Bauhölzer

Material: Birkenäste (u.a. Hölzer) Durchmesser: 2 cm bis 15 cm

Die Äste werden je nach Stärke verschieden lang zugesägt, etwa 2 cm bis 25 cm. Einige dicke Äste können mit dem Beil einmal gespalten werden. Von den ganz dicken Ästen Scheiben absägen etwa 2,5 cm bis 4 cm dick. Nebenäste niemals ganz absägen, sondern immer einige Zentimeter lang stehen lassen!
Zum Aufbewahren der Hölzer eignen sich besonders gut grosse Weidenkörbe.

Zur Ergänzung der Bauhölzer:

Jeweils in verschiedenen Körben: Rinde, Kiefernzapfen, Steine, Muscheln, Schafwolle, Kastanien, Eicheln, Obstkerne. Einfache geschnitzte Menschen- und Tierfiguren, Zwerge.

Zapfenvögelchen

Material: Fichtenzapfen, Bucheckerhülle, kleine Federn, reines, gut haftendes Bienenwachs oder Uhu

Die Bucheckerhülle (Kopf) wird mit Bienenwachs oder Uhu auf der Spitze des Fichtenzapfens befestigt. Auf beiden Seiten und hinten als Schwanz werden je 2 bis 3 Federn ebenfalls mit Bienenwachs oder Uhu befestigt.
Man kann um das Vögelchen einen Faden binden und es damit an einem Stock aufhängen.

Rindenschiff

Material: Kiefernrinde (o.a.), Stöckchen, Birkenrinde, Federn oder Stoff für das Segel

In das Rindenstück ein Loch für das Stöckchen bohren. Die Birkenrinde oder den Stoff mit kleinen Nägeln an das Stöckchen nageln.

Zipfel- oder Knotenpuppe *

Material: Quadratisches Stück Stoff, Seitenlänge ca. 30 cm bis 40 cm, Seide (rosa) für Säuglinge, Leinen oder Wollstoff für grössere Kinder (ab 2 J.), ungesponnene Schafwolle**

Den Stoff ringsum säumen. (Dickeren Stoff unter Umständen ausfransen). Die Wolle fein zupfen, den Kopf füllen und abbinden (nicht zu fest). Der Kopf kann auch durch einen Knoten entstehen. Die Hände werden geknotet.
Es ist gut, wenn man den Kindern einige leichte Tücher - etwa gleich gross wie das Puppentuch - aus Seide oder Batist dazu gibt, damit sie ihr Puppenkind in vielfältiger Weise einhüllen können. Ein kleiner ovaler Korb wird gerne als Puppenbettchen genommen.
Phantasiereiche Kinder vermissen weder Haare noch Beine.
Augen unter Umständen mit einem Farbstift andeuten.

 * Siehe: Die Puppe, eines der bedeutendsten Spielzeuge Seite 55
** Siehe: Bezugsquellen Seite 58

Einfache Marionetten

Material: Viele Seidenreste in zarten und leuchtenden Farben, ungesponnene Schafwolle, dünne Woll- oder Garnfäden

Aus den gut gebügelten und ungesäumten Seidentüchern werden Zipfelpuppen angefertigt, denen man in die Handknoten eine kleine Murmel einknoten kann. Durch die Farbe und Art des Gewandes (z.B. Schleier, Stola, Mantel) werden die einzelnen Figuren charakterisiert. Es eignet sich besonders z.B. für König = goldgelbes Gewand mit Purpurmantel, goldene Krone
Königin = zartblau oder rosa Gewand mit blauem Mantel, goldene Krone
Königssohn = goldgelbes Gewand mit roter Stola, Krone
Königstochter = rosa Gewand mit zartrosa oder weissem Schleier
Alter Mann = blauviolettes Gewand
Alte Frau = rotviolettes Gewand mit Schleier

An den Händen und dem Kopf werden Wollfäden befestigt und etwa 20 cm bis 25 cm über dem Kopf zusammengeknotet.

Die " B ü h n e ": Auf dem Fussboden oder einem Tisch wird dem Inhalt der Geschichte entsprechend, z.B. ein Schloss, Wald, Brunnen aus Klötzen (mit Seide verhängt) aufgebaut. Durch diese Landschaft werden während des Erzählens die Figuren ruhig geführt.

Gliederpuppe

Material: 100 - 150 g gewaschene, luftig gezupfte Schafwolle (klumpt nicht beim Waschen der Puppe), weissen und zartrosa farbenen Baumwolltricot, gute Sport- oder Mohairwolle für die Haare, farbigen Wolltricot oder Reste von Stricksachen, starkes weisses Garn (MEZ-Stickgarn)
(nach Frau L. Bosse, Unterlengenhardt)

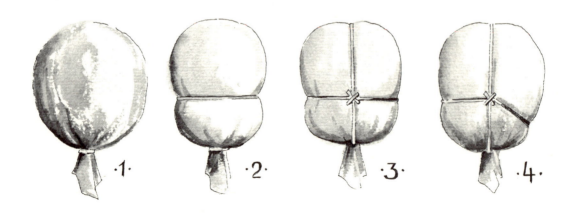

Der Kopf

1. Ein Teil der gezupften Schafwolle wird mit einem quadratischen Stück Baumwolltricot (weiss) umgeben, zu einer festen Kugel geformt und abgebunden.
2. Etwa an der Stelle eines Ohres wird der starke Faden befestigt, ein- bis zweimal waagerecht um den Kopf gelegt, dabei sehr fest angezogen (der Faden muss kneifen) und am zweiten Ohr wieder befestigt.
3. Den Faden über den Kopf und durch den Hals weiterführen, aber nicht zu fest anziehen. Die Kreuzungspunkte gut festnähen.
4. Für den Hinterkopf eine Hälfte des waagerechten Fadens bis auf einen Zentimeter über dem Halsfaden herunterziehen.
5. Aus dem rosafarbenen, glatten Tricot den Überzug für den Kopf zuschneiden.
6. Den Stoff über das Gesicht legen, in der Augenlinie gut anschmiegen, hinten zusammennähen, unten wieder fest abbinden und den Faden am Stoff annähen.
7. Die Augen zuerst mit Stecknadeln andeuten und dann vom Ohr oder der Nackenkuhle aus zum Auge stechen und wieder zurück. Der Stich liegt ein wenig links und rechts neben der andeutenden Stecknadel.
8. Die Augen mit einem blauen Stift punktartig übermalen. Der Mund, mit Rotstift angedeutet, bildet mit den Augen ein gleichseitiges Dreieck.

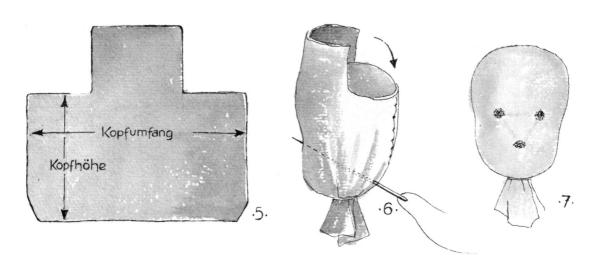

Die Haare

Für Pferdeschwanz und Struwelhaare wird der obere Wirbel zum Mittelpunkt gewählt; für Zöpfe nimmt man einen Punkt jeweils etwas unterhalb des Ohres. Von da aus werden mit langen Spannstichen bis zum Haaransatz rings um den Kopf einzelne Teile markiert (1, 2, 3). Bei Zöpfen mit dem Bleistift einen Mittelscheitel dünn markieren und jeweils von einem Ohr bis zum Scheitel die Spannstiche ausführen, wobei nicht alle Stiche bis zum Ohr hintergehen, weil es da sonst zu dick würde. Jedes Teil wird dann für sich mit dichten Spannstichen ausgefüllt. Anfang und Ende der Fäden als Haare hängen lassen. Anschliessend werden noch einzelne Haare dazwischen genäht, indem man durch den gleichen Wollfaden zurücksticht oder den Stich befestigt (4).

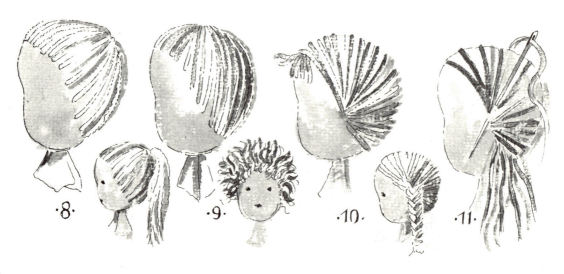

·8·   ·9·   ·10·   ·11·

Körper

der Gliederpuppe aus rosa Baumwolltricot fertigen. Es eignet sich auch einfarbiger Wolljersey oder alte wollene dünne Strickpullover.

1. Arme zuschneiden, von links nähen und wenden.
2. In die Mitte des Stoffbruches ein kleines Loch schneiden, zum Durchstecken der Lappenenden des Kopfes.
3. Die Arme bis an die Schulter weich mit Schafwolle stopfen. (Schulter leer lassen, damit die Arme beweglich bleiben).
4. Körper zuschneiden.
5. Rückwärtige Naht vom Schritt bis zur Schulter und Beinnähte (einschliesslich Fussnaht) schliessen.
6. Im Schritt vorsichtig einschneiden und dann den Körper wenden.
7. Beine bis zum Schritt stopfen. Dann mit einem neuen Ballen Wolle den Körper stopfen (So bleiben auch die Beine zum Sitzen beweglich). Beine und Körper werden fester gestopft als die Arme. Während des Stopfens mit einer Hand ständig formen.
8. Mitten in die Wolle des Körpers ein Loch machen und die herabhängenden Zipfel des Kopfes hineinstecken. Den Körperstoff über die Arme bis zum Hals hochziehen, am Halsfaden annähen und die Schulternähte schliessen.
9. Den Stoff um das Armloch etwas einschlagen und an den Armen annähen. (Nicht einschneiden).

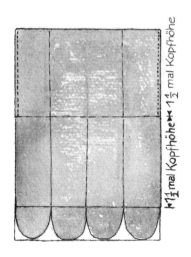
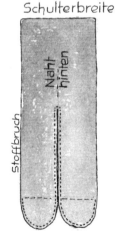
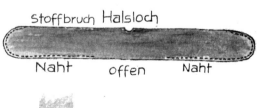

10. Die Hände leicht abbinden oder am Handgelenk einen Kräuselfaden durchziehen.

11. Den Fuss im rechten Winkel hochbiegen und an der Berührungsstelle mit dem Bein annähen. Den Faden etwas anziehen, mit kleinen Vorstichen um die Verse gehen, wieder Faden anziehen und von Knöchel zu Knöchel durchstechen und vernähen.

Als Kleider eignen sich einfache Kimonokittel.

Damit die Puppen beim Waschen nicht ihre Form verlieren, werden sie zum Trocknen in einem leichten Handtuch wie in einer Hängematte aufgehängt.

Stehpuppen

zum "Bevölkern von Bauwerken"

Material: Schafwolle, Tricot, Woll- und Wollstoffreste oder bunter Filz

Kopf: Siehe Gliederpuppe. Es genügt auch ein einfaches Köpfchen: Die Schafwolle mit einem quadratischen Stückchen rosa Tricot umgeben, zu einer festen Kugel formen, am Hals abbinden. Dann Haare sticken oder aus Schafwolle aufnähen.

Körper: Ein rechteckiges Stück Stoff oder Filz zusammennähen, an der oberen Kante mit einem Kräuselfaden versehen und an den Kopf annähen. Den Körper mit Schafwolle ausstopfen, so dass die Puppe stehen kann.

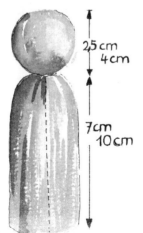

Das Schlamperle

Der Kopf ist genauso wie bei der Gliederpuppe.

Der Körper wird verhältnismässig weit geschnitten und nur locker ausgestopft.

1. Arme und Körper aus gleichfarbigem Wollstoff oder Wolljersey zuschneiden und nähen: rückwärtige Naht (1), Schrittnaht (2), Fussnaht in leichtem Bogen von vorne nach hinten (3), Ärmelnähte (4).
2. Winziges Halsloch in den Stoffbruch der Ärmel schneiden, herabhängende Lappen vom Kopf hindurchziehen, Halsausschnitt einschlagen und am Halsfaden gut annähen.
3. Die Zipfel so zusammennähen und mit Wolle fest ausstopfen, dass ein Balg von 1 1/2 Kopfhöhen entsteht. Damit der Kopf später gut festsitzt, werden die Enden des Überzugtricots fest heruntergezogen und an dem Balg angenäht.
4. Beine und Bauch locker ausstopfen und am oberen Rand einen Kräuselfaden durchziehen.
5. Den Balg in den Körper stecken und, nachdem der Kräuselfaden angezogen wurde, den Körper an dem Balg annähen.
6. Die Ärmel herunterziehen und über dem Kräuselfaden annähen.
7. Die Hände nähen und stopfen, danach an die von aussen leichtgestopften und unten mit einem Kräuselfaden versehenen Ärmel annähen.
8. Die Füsse durch einen Kräuselfaden um das "Fussgelenk" andeuten.

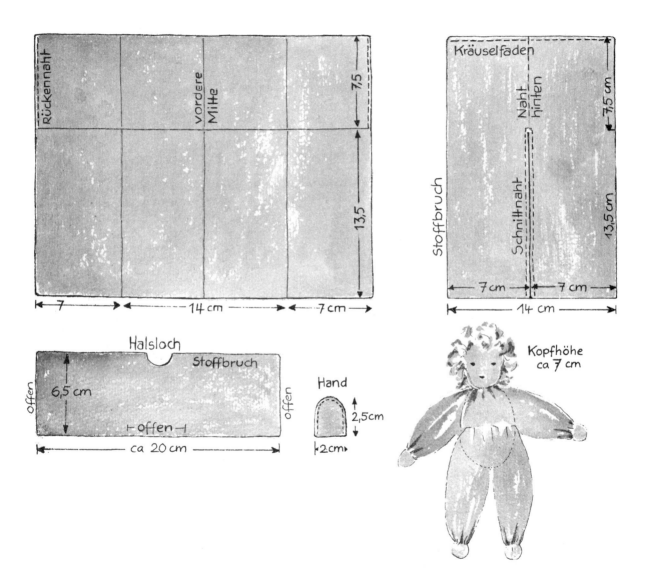

Handpuppe

Material: Schafwolle, Tricot, Stoffreste

1. Den Kopf anfertigen wie bei der Gliederpuppe, jedoch den senkrechten Kopffaden nicht unter dem Kinn durchführen.

2. 1 cm unterhalb des Halsfadens einen Kräuselfaden durchziehen, sowohl beim Unter- als auch beim Überzugstricot.

3. Mit dem Finger ein Loch in den Kopf bohren. Den unteren Tricot bis auf 1 cm, den Überzugstricot bis auf 2 cm abschneiden.

4. Den äusseren Tricot nach innen einschlagen, überwendlich annähen, so dass der Halsring versäubert wird. Am unteren Rand einen Kräuselfaden durchziehen, damit der Halsring zu einer Röhre wird.

5. Die Kleider nähen und über dem Halsring annähen. Die Hände hohl am Kleid annähen, so dass man hineinschlüpfen kann. – Das Typische der einzelnen Figuren wird durch den Kopfschmuck (z.B. Bart, Hut, Krone) und die Farbe des Kleides (u.U. zusätzlich mit Schleier, Umhang, Stola) charakterisiert. (Siehe hierzu auch "Einfache Marionetten" Seite 14)

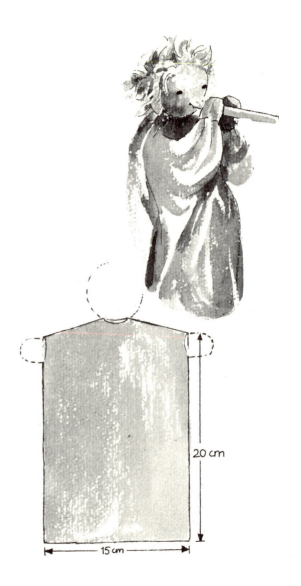

Handfiguren - Wichtel

Material: rosa Tricot, Schafwolle, Wollstoff oder Wolljersey

1. Den Kopf wie bei der Handpuppe arbeiten.

2. Kapuzenmantel zuschneiden. (Kapuzenmantelschnitt für eine Kopfhöhe von ca. 7 cm).

3. Teil II als vorderen Einsatz an Teil I nähen. Dabei müssen ca. 2 cm von der Naht offenbleiben, ca. 7 cm unterhalb des Kräuselfadens. Hier dann die Hände hohl annähen, damit man hineinschlüpfen kann.

4. Kopfnaht schliessen. Die Kapuze 1/2 cm einschlagen und am Kopf annähen.

5. Kräuselfaden an markierter Stelle durchziehen und an einigen Stellen, besonders vorne unter dem Bart gut festnähen.

6. Mantel unten säumen.

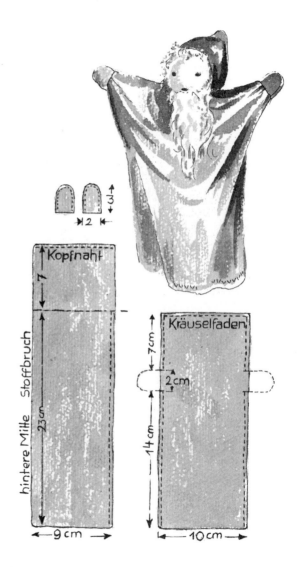

Strickpuppe

Material: 2 Stricknadeln
25 g farbige Wolle,
Tricot für den Kopf,
Wolle für Haare, Schafwolle
zum Stopfen

Strickart: Hin und zurück rechts

Anschlag: 40 M, 7 Rippen stricken, dann in der Mitte der Nadel 2 M zusammenstricken, 1 Umschlag, so dass ein kleines Loch für den Hals entsteht. Weitere 7 Rippen stricken. 13 M abketten (von beiden Seiten) und dafür 7 M wieder aufnehmen. 8 Rippen stricken, dann die Maschen teilen und mit jeweils 14 M 17 Rippen stricken, dann abketten.

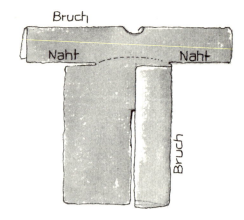

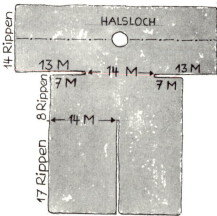

Zusammennähen: Siehe Skizze. Mit Schafwolle stopfen. Kopf und Hände in entsprechender Grösse wie bei der Gliederpuppe anfertigen und annähen.

Steckbettchen für Puppen

Material: 60 cm einfarbigen Stoff (Leinen, Nessel, Batist oder Popeline)
Schafwolle oder Krempelflor

1. Obere Naht und Seitennaht schliessen.
2. Den Stoff wenden und mit gut gezupfter Schafwolle oder Krempelflor ausstopfen.
3. Untere Naht schliessen.
4. Zwei etwa 3 cm breite und 50 - 60 cm lange Stoffstreifen schneiden und je zu einem Bindeband zusammennähen. Diese an markierter Stelle befestigen.

Die Bänder gehen hinten über Kreuz und werden obendrauf gebunden. Man kann auch ein separates Wollband zum Binden nehmen.

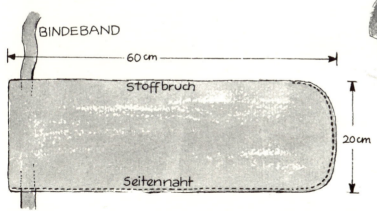

Schäfchen oder Hasen

Material:
  2 Pappringe, Durchmesser ca. 5 cm,
  2 Pappringe, Durchmesser ca. 3 cm,
  ungesponnene Schafwolle,
  weisse Filzreste für die Ohren

1. Jeweils die beiden gleichgrossen Ringe mit einer leicht gezupften Wollsträhne umwickeln, bis das Loch in der Mitte völlig ausgefüllt ist.
2. Zwischen den beiden Pappen die Wolle aufschneiden und in der Mitte mit einem starken weissen Faden abbinden.
3. Die beiden entstandenen Kugeln zusammenbinden. Mit einer langen Stopfnadel und einem starken Faden einige Male von vorne nach hinten durch beide Kugeln stechen, bis Kopf und Rumpf fest verbunden sind.
4. Das Schaf beschneiden, so dass die lockere äussere Wolle entfernt und die Tierform sichtbar wird.
5. Ohren annähen.

Schäfchen aus Krempelflor

Material: Krempelflor (zu erhalten in den hinten angegebenen Schafwollfirmen oder in einem Steppdeckengeschäft)
Heftgarn

Ein Stückchen von dem Krempelflor einrollen und unten leicht zusammennähen. Vorne und hinten mit wenigen Stichen etwas abrunden, indem man von der oberen Wolle ein wenig nach unten zieht. Für die Proportion des Schäfchens ist die Dicke des eingerollten Wollstückchens massgebend.
Für die Ohren vorne am Kopf rechts und links etwas abkneifen und mit ein paar Stichen durchstechen. (Siehe Zeichnung) Man kann auch Ohren aus Filz annähen.

Schäfer

Ausführung: siehe Stehpuppen

Für Hut und Gewand sind Filzreste, für den Umhang Schaffellreste besonders geeignet.

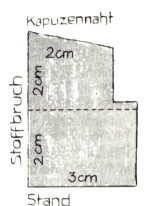

Zwerge

Material: Bunte Filzreste,
Schafwolle

1. Zwergenmantel zuschneiden (siehe Zeichnung).
2. Kapuzennaht schliessen.
3. An der markierten Stelle einen Kräuselfaden durchziehen.
4. Ein wenig gut gezupfte Schafwolle in das Mäntelchen geben, den Kräuselfaden zusammenziehen und zubinden.
5. Herausstehende Schafwolle unten abschneiden, so dass eine Standfläche entsteht. Die Zwerge können in verschiedenen Grössen gearbeitet werden. Der Kopf darf nicht zu klein werden.

Kordeln

Material: sehr dicke oder 3-fach genommene gute Sportwolle, damit 60 cm bis 80 cm Luftmaschen häkeln.

Geeignet z.B. als Angelschnur, als Wickelband für die Puppen, zum Zusammenbinden von Hölzern zu einer Eisenbahn.

Wollbänder

Material: ca. 20 g dicke gute Sportwolle, Häkelnadel Nr. 3

1. Reihe: 70 cm Luftmaschen
2. Reihe: 45 cm Stäbchen
3. Reihe: 45 cm Stäbchen, so dass die Luftmaschenreihe in die Mitte der beiden Stäbchenreihen kommt
4. Reihe: 25 cm Luftmaschen

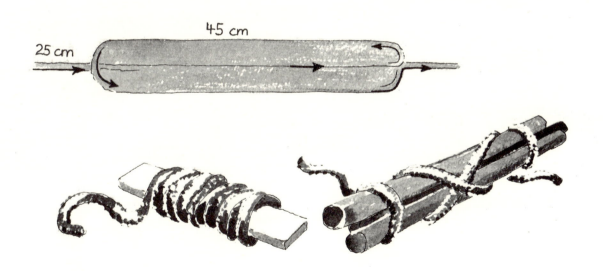

Tücher

Bautücher:

80 cm × 150 cm aus Nessel, Leinen oder Popeline. Kinder nehmen diese Tücher gern zum Häuserbauen durch Verhängen von Tischen und zusammengeschobenen Stühlen. Sie dienen als Teppich, Decke, Unterlage zum Bauen mit Bauhölzern (als Wiese, See, Acker u.a.).

Verkleidetücher:

80 cm × 120 cm aus Batist oder feinem Nessel. Zum Befestigen der Tücher am Kopf (z.B. als Mutter, Königin oder Braut) oder zum Herstellen eines Umhanges eignen sich besonders gut gehäkelte Wollbänder.

Puppenstube

Material: 1 Tischlerplatte ca. 40 cm:50 cm,
Peddigrohr oder Weidenruten,
Durchmesser ca. 8 mm,
leichter Stoff, z.B. Batist 80 cm:
100 cm

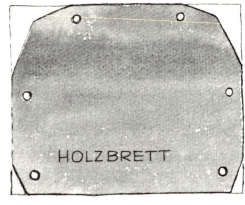

ca 40 x 50 cm

1. Die scharfen Ecken an der Platte absägen, so dass sie eine gefälligere Form erhält.
2. An der Querseite in der Stärke des Peddigrohres je 3 Löcher bohren.
3. Die Platte gut schmirgeln und einwachsen.
4. Die Bögen zuschneiden (ca. 95 cm, 90 cm, 85 cm) und in die Löcher stecken. Der längste Bogen kommt nach vorne.
5. Den Stoff gut bügeln und an dem vorderen Bogen mit wenigen Stichen befestigen. An der gegenüberliegenden Seite den Stoff mit einem Kräuselfaden zusammenziehen.

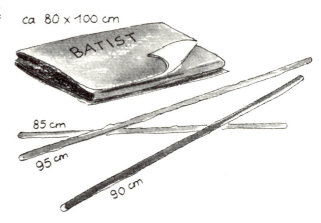

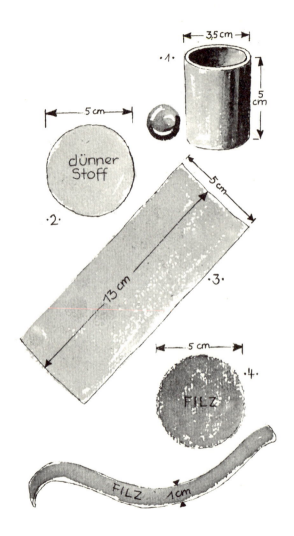

Purzelmännchen

Material: Filzreste (leichte Qualität) oder Stoffreste,
Papprolle von Küchen- oder Toilettenpapierrollen, Uhu,
Bleikugel (aus einem Geschäft für Anglerartikel)

1. Von der Papprolle 5 cm abschneiden.
2. Die untere Öffnung mit leichtem Stoff zukleben.
3. Gesichtsfarbenen Filz um die Rolle kleben.
4. Die Bleikugel in die Rolle legen und mit dem farbigen Filz die obere Öffnung zukleben.
5. Den entstandenen faltigen Stirnrand mit einem 1 cm breiten Filzstreifen überkleben.
6. Den Körper und die Hände zuschneiden, nähen oder eventuell auch kleben.
7. Den Kopf in die Halsöffnung kleben.
8. Haare und Bart - falls gewünscht - aus Schafwolle ankleben.
9. Augen und Mund mit einem Farbstift andeuten.

Als schiefe Ebene zum Purzeln des Männchens eignet sich gut ein schräg gestelltes Bügelbrett, über das eine Wolldecke gelegt wird.

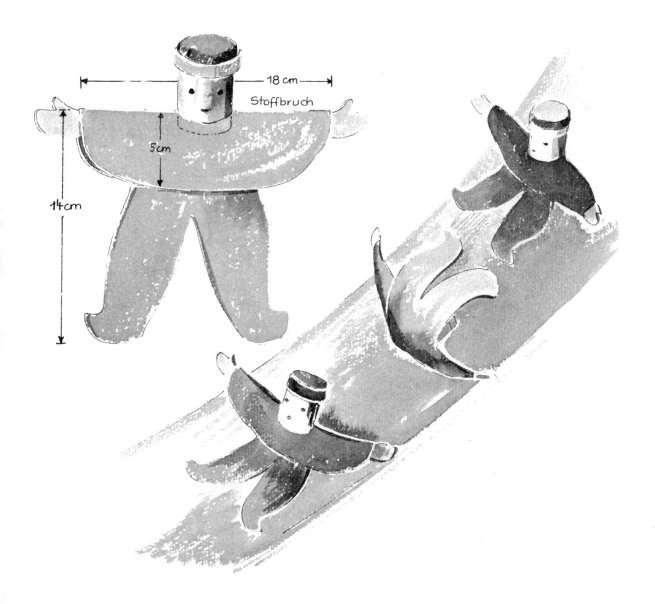

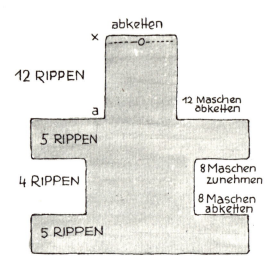

Anschlag 36 Maschen

Gestricktes Schäfchen

Material: 2 Stricknadeln
25 g naturweisse Wolle - gezupfte Schafwolle -
Strickart: Hin- und Rückreihe rechts stricken

1. Nach nebenstehendem Schnitt den Körper des Schäfchens stricken.
2. Jedes Bein für sich zusammennähen, anschliessend die Bauchnaht.
3. Die mit "O" bezeichnete Kante auf die Hälfte falten und zusammennähen.
4. Punkt × durch zusammenziehende Stiche an Punkt a bringen und die dabei seitlich entstehenden Ohren etwas abnähen.
5. Das Schäfchen mit Schafwolle gut ausstopfen: Die linke Hand formt, die rechte stopft. Das Stopfloch hinten zunähen.
6. Ein Schwänzchen aus gehäkelten Luftmaschen oder gedrehtem Kördelchen annähen.

Für ein kleines Schäfchen genügt die Hälfte der Maschen.

Holzständer

Vielseitig verwendbar:

Zum Beispiel mit einem Tuch behangen als Abgrenzung der Spielecke oder Puppenmutterwohnung, als Tisch, Spielregal, Puppenstube, Kaufmannsladen, Puppentheater

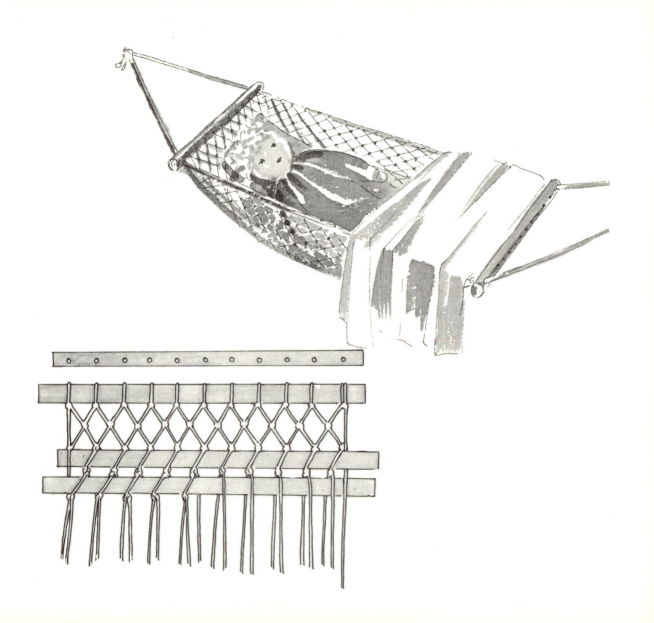

Hängematte für die Puppen

Material: dünnen Bindfaden
2 Sperrholzbrettchen 20 cm lang, 2 cm breit
2 Rundhölzer ca. 40 cm lang
ca. 2.80 m dicke Schnur

1. Eines der beiden Sperrholzbrettchen an einem Bindfaden aufhängen.
2. 40 Fäden zu je 1.25 m Länge zuschneiden.
3. Je 2 Fäden zusammenknoten und rittlings über das Brettchen hängen. (Über dem Knoten etwa 10 cm Faden stehen lassen, zum späteren Befestigen der Rundhölzer). Unter dem Brettchen vom 1. Knoten den vorderen und vom 2. Knoten den hinteren Faden mit einem Doppelknoten zusammenknoten. Dann vom 2. Knoten den vorderen und vom 3. Knoten den hinteren Faden zusammenknoten usw. Am Anfang und Ende bleibt jeweils 1 Faden übrig, der erst in der nächsten Reihe verknotet wird. Wenn alle Fäden der 1. Reihe verknotet sind, wird unter dem 2. Brettchen in der gleichen Weise geknotet.
4. Wenn 2 Reihen fertig sind, das obere Brettchen herausnehmen und durch die Maschen eine kräftige Schnur ziehen, an der nun die Knüpfarbeit aufgehängt wird.
5. In dieser Weise 25 Reihen knoten. Am Ende wieder etwa 10 cm Faden übrig lassen.
6. In die Rundhölzer in gleichen Abständen je 12 Löcher bohren. Je 4 Fäden durch ein Loch ziehen und oben mit einem dicken Knoten versehen. (Am Ende sind es einmal 3 und einmal 5 Fäden in einem Loch.
7. Durch die beiden äusseren Löcher die dicke Schnur ziehen, die zum Aufhängen der Hängematte dient. Die Schnur läuft auch durch die seitlichen Randmaschen und wird hier etwas kürzer als das Netz angezogen, damit die Hängematte schön durchhängt und die Puppenkinder nicht herausfallen.

Man kann auch aus einer sehr feinen weichen Schnur die Hängematte wie ein Ballnetz häkeln.
Eine weitere sehr schöne Knotentechnik ist das Filieren.

Anregungen für die Adventszeit

Advents-Krippengärtlein

aus zusammengestellten flachen mit Folie ausgelegten Holzkisten. Den Boden gut mit Erde bedecken, darauf Moos legen. Aus Birkenhölzern und Rinde ein Krippenhäuschen bauen. Die Krippenfiguren können in der Art der "Stehpuppen" (Seite 21) angefertigt werden.
Am 1. Advent kann man zum Beispiel nur einen Hirten mit einem Schaf in das Gärtlein stellen und täglich etwas hinzufügen: Steine, weitere Schafe, kleine blühende Topfpflanzen, weitere Hirten und zu Weihnachten die Figuren im Krippenhaus.

Adventskette aus Walnüssen

Material: 24 grosse Walnüsse
ca. 3 m - 4 m rotes Band
reines Bienenwachs

Die Nüsse mit einem Messer öffnen und Nusskerne herausnehmen. Die einzelnen Nüsse füllen und anschliessend mit einem kleinen Bienenwachsröllchen oder ganz wenig Uhu zusammenkleben. Das rote Band läuft dabei zwischen den einzelnen Nusshälften durch.

Beispiele für den Inhalt der Nüsse:

Glasmurmel, Glöckchen, Wichtel (siehe Seite 25), Muschel, Schäfle aus gezupfter mit Heftgarn geformter Schafwolle, Schäfer (siehe Seite 29), Zipfelpüppchen (siehe Seite 12), Kiesel- oder Edelstein, kleine Kerze, etwas Knetbienenwachs, Ring, Sterne aus Goldpapier.

Wichtelschiff: In eine Hälfte etwas Bienenwachs drücken. Nach dem Öffnen beigelegtes Segel (aus halbem Streichholz und Stoff) in das Wachs stecken.

Puppenbettchen: Aus Schafwolle mit Faden einen kleinen Kopf abbinden und das Püppchen in eine Nuss-Hälfte mit Kissen und Decke aus Filz betten.

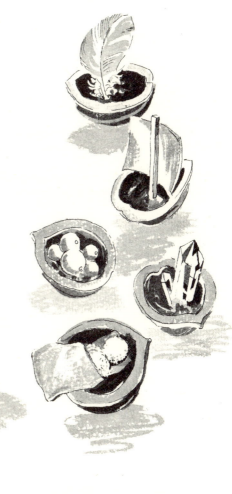

Spiel und Spielzeug im Vorschulalter

Spielen - eine ernste Angelegenheit

Wenn vom Spielen die Rede ist, stellt sich für die oberflächliche Betrachtung des Erwachsenen im Gedanken vielleicht das Attribut des Beiläufigen oder Unernsten ein. Spiel ist scheinbar nicht mit Wichtigkeit, mit Seriosität verbunden. Die eigentlich ausnahmslos falsche Verwendung des Ausdrucks "spielerisch" verweist deutlich auf das hier vorliegende Missverständnis. Das Spiel des Kindes ist in diesem Sinne niemals eine spielerische Betätigung, sondern ein mit tiefem Ernst erfülltes Tun. Und wenn das bei manchen durchaus gesunden Kindern heute nicht der Fall ist, so liegt die Ursache dafür selten bei ihnen selbst, vielmehr in ihrem engsten Lebensbereich: meistens haben das Verhalten der Erwachsenen oder das zur Verfügung stehende Spielzeug es dazu kommen lassen, dass die Fähigkeit zum hingebungsvollen Spiel verloren ging. Aus der Einsicht in pädagogische Notwendigkeiten kann hier Abhilfe geschaffen werden.

Der Zusammenhang von Spiel und Arbeit

Spiel und Arbeit, vom Gesichtspunkt des Erwachsenen aus gesehen ein scheinbarer Gegensatz, erweisen sich bei näherem Zusehen und bei Berücksichtigung der Entwicklungsgesetze des Menschen als in direktem Zusammenhang stehende Verwandlungsstufen.
Wie sich ein Kind beim Spielen zeigt, offenbart sich viel später in der Art und Weise, wie sich der Mensch ins Leben findet. "Ein Kind, das langsam spielt, wird in den zwanziger Jahren langsam sein und langsam denken in all dem, was im Leben zusammengefasst wird als Lebenserfahrung. Ein Kind, das oberflächlich ist im Spielen, wird auch später oberflächlich werden" (Rudolf Steiner, Konferenzen, 14.6.20). "Derjenige, der für so etwas Beobachtungsgabe hat, der weiss schon an den besonderen Neigungen, die das Kind im Spiel entwickelt, vieles vorauszusehen für seine spätere Seelenverfassung, für seinen Charakter usw.; inwiefern der Mensch nach der einen oder anderen Seite tüchtig werden kann, man kann es an der Art und Weise ablesen, wie das Kind spielt" (R. Steiner: Weihnachtskurs für Lehrer, Dornach, Dez. 1921, 7. Vortrag).

Mit dem gleichen Ernst, mit dem das Kind in seinem Spielen lebt, kann es sich später als Erwachsener mit seiner Arbeit verbinden. Ein Unterschied zwischen dem Spiel des Kindes und der Arbeit des Erwachsenen besteht nur darin, dass sich die Arbeit in die äussere Zweckmässigkeit der Welt einfügen muss, die Betätigung des Kindes aber auf Impulsen beruht, die aus seinem Innern, seiner Phantasie heraus aufsteigen, ohne dass zweckvolles Handeln dabei anderen Menschen oder der Sache gegenüber verantwortet werden müssten. Solche Impulse sind eigentlich immer mit Freude und Lust verbunden und erzeugen bei der Ausführung eine tiefe Befriedigung. Wenn das Kind dies nicht mit Worten immer auszudrücken vermag, so ist es doch ablesbar an seinem harmonischen Verhalten, seinem Eifer und oft an den roten Backen und dem strahlenden Gesicht. Es ist ein grosser Irrtum, wenn man meint, dass die Kinder sich im Spielen hauptsächlich austoben müssten. Toben ist weder ein dem Menschen gemässer Zustand, noch etwa eine irgendwie berechtigte Weise kindlichen Spielens, das gerade in seinen gediegensten Formen als Ausgewogenheit zwischen innerlich drängender Schöpferkraft und äusserer Gegebenheit erscheint. Tobende Kinder aber, so kann man deutlich beobachten, werden immer mehr aus sich herausgetrieben, sind dann schwer für ein Wort des Erwachsenen zugänglich und können nicht leicht und nicht ohne Hilfe zu einem ruhigen Spiel zurückfinden. Die unbedingt notwendige sinnerfüllte Bewegung des Kindes darf nicht mit Toben verwechselt werden.

Nachahmung und Lernen

Mit dem, was das Kind im Spiel hervorbringt, ahmt es fast immer das nach, was es als Erlebnisse und Erfahrungen aus seiner Umwelt von den tätigen Erwachsenen aufnimmt. Nachahmend lernt es Gehen und Sprechen. Und nachahmend ergreift es die Arbeitstätigkeit des Erwachsenen und gestaltet daraus ein zweckfreies Spiel. Deshalb ist es wichtig, dass die Erwachsenen im Beisein des Kindes möglichst oft in einer Weise tätig sind, die im Kind die notwendigen Impulse weckt. Zum Beispiel wirkt eine Mutter, wenn sie die Stube fegt oder den Tisch deckt, anregender, als wenn der Vater eine Berechnung aufstellt. Die Tatsache, dass das Kind durch Nachahmen lernt, führt auch zu der Konsequenz, dass sich der Erwachsene nachahmenswert im Beisein des Kindes verhalten sollte. Ja, er kann dies sogar so stark in sein Bewusstsein aufnehmen, dass er mit der Zeit fähig wird, das Kind viel mehr durch Nachahmung zu führen als durch Erklärungen und Gebote, denn diese wenden sich an den Verstand des Kindes, der sich ja erst allmählich entwickelt.

Auch Spielen muss gelernt werden

Auf dieser Lebensstufe bis etwa zum Schuleintritt im 7. Lebensjahr ist das Spiel, bzw. das nachahmende Tätigsein die Art und Weise, wie das Kind lernt! Jeder Appell an intellektuelles Lernen erscheint demgegenüber als unsachgemäss verfrüht, ja sogar störend, wie im weiteren noch deutlich werden wird. Viel zu schnell verfallen Eltern in ein Belehrenwollen, das ihrem eigenen fortgeschrittenen Bewusstseinszustand entspricht und ihnen daher leichter fällt als das sehr viel mehr Disziplin verlangende Vorbildsein.
Nun ist zu bedenken, dass es durchaus nicht mehr für alle Kinder selbstverständlich ist, in erfüllter Weise spielen zu können.

Das Spielen selbst muss also wieder gelernt werden, und immer mehr Kinder bedürfen dazu einer sachgemässen Anleitung. Wenn ein Kind bewusst durch Nachahmung in ein Spiel geführt wird, so hat es die Möglichkeit, Fähigkeiten, die es auf einer späteren Entwicklungsstufe nur mit Mühe und strenger Selbsterziehung erlangen kann, zu erüben. Zum Beispiel Ordnung, Sorgfalt, Hingabe, Geduld. Eine bedeutende Rolle spielen in diesem Zusammenhang auch gute Gewohnheiten, Moralität und Phantasie. Beispiele verschiedener Spielsituationen sollen diese Hinweise anschaulich machen.

Dabei ist zu berücksichtigen, dass sich die ersten sieben Lebensjahre in drei markante Spielstufen gliedern.

Spielstufen

Die Zeit bis zum 3. Jahr

In der Zeit der ersten Spielstufe muss das Kind zunächst Besitz ergreifen von seiner eigenen Leiblichkeit. Dabei spielen Nachahmung, Gewohnheit und unbewusstes ständiges Wiederholen eine grosse Rolle. Mit erstaunenswerter Unermüdlichkeit strebt das Kind in die Aufrechte und lässt sich durch keinen Misserfolg entmutigen. Ohne äussere Nötigung, allein durch Nachahmung der es umgebenden Erwachsenen, verfolgt es das Ziel des Aufrichtens und Fortbewegens und bringt sich damit in völlig neue Beziehungen zu den Raumesdimensionen. Dann erwirbt es auf dem gleichen Wege die Sprache und mit der Sprache die Veranlagung des Denkens. Über dieses Ergreifen des eigenen Leibes und das Ergreifen aller nur erreichbaren Gegenstände hinaus beginnt das Kind nun, die Mutter bei ihren Verrichtungen im Haushalt zu begleiten. Damit erreicht es eine weitere Phase nachahmenden Lernens, in der das Kind immer weniger artgemäss, dafür in zunehmendem Masse individuell auswählt, wobei die persönliche Beziehung zu bestimmten Erwachsenen eine schicksalhafte Bedeutung gewinnt.

Die Handlungen der Erwachsenen werden nicht bewusst, sondern "liebevoll" erfasst. Das Kind beschränkt sich zunächst auf ein nachahmendes Tun, das sich in scheinbarer Sinnlosigkeit zeigt. Es geht wie die Mutter durchs Zimmer, nimmt Gegenstände in die Hand, die sie eben aufgeräumt hat, um sie an einem anderen Platz wieder abzulegen. Wie die Mutter den Korb mit Kartoffeln, füllt es seinen Korb oder Wagen mit Bauhölzern. Doch genügt ihm offenbar nicht das einmalige Einfüllen, sonst würde es ihn nicht mit grösster Aktivität immer wieder ausleeren. Dass es noch nicht den Sinn einer Handlung versteht, wird auch daran deutlich, dass es - so ihm erlaubt - mit Besen und Wischlappen hantiert, in gleicher Weise wie die Mutter in die Ecken und unter den Schrank kriecht, aber kein bisschen Schmutz zusammenbringt.

In den Zeiten am Tag, in denen das Kind alleine oder bei den Geschwistern spielt, baut es mit Vorliebe immer wieder einen Turm mit Klötzen so hoch, bis er umstürzt, oder im Sandkasten füllt es Eimerchen und leert sie wieder aus, wobei es den Sand mit sichtlicher Freude über seine Beine oder durch die Finger rieseln lässt, und ebenso verfährt es an einem aufgestellten Wasserbecken. Ist es etwa mit zwei bis drei Jahren gelegentlich an einem Mutter-Kind-Spiel mit älteren Geschwistern beteiligt, so sieht man auch hier, dass es den eigentlichen Sinn des Spielens einer späteren Stufe noch nicht begreift, nämlich Handlungen des Erwachsenen ins "So-tun-als-ob-Spiel" umzusetzen. So isst es unter Umständen die als Salat gedachten Gräser oder den als Pudding gedachten Sand wirklich.

Schon diese wenigen Beispiele machen deutlich, in welchem Masse das Kind sein Tun mit Anstrengung, Ernst und Eifer verbindet, was selbstverständlich Begeisterung, Lust und Freude mit einschliesst. Und es ist erkennbar, wie das Kind jeden Lernschritt durch Nachahmung vollzieht. An vielen Kindern, die in diesem frühen Alter nicht hauptsächlich durch Nachahmung lernen konnten, die aber durch dauerndes Appellieren an den Verstand und durch Drill zu bestimmten Verhaltensweisen gebracht wurden, konnte man beobachten, dass sie schon im vierten Lebensjahr über fast keine Spielinitiative verfügten, nur schwer einen Kontakt zu anderen Spielkameraden fanden und eine blasse Hautfarbe bekamen.

Die Zeit vom 3. bis 5. Jahr

In der Zeit der zweiten Stufe etwa vom 3. bis 5. Lebensjahr (man kann sie auch das Phantasiealter nennen) erscheinen wieder ganz neue Fähigkeiten am Kind. Alle Intensität, die vor dieser Zeit für das Aufrichten, Gehen, Sprechen und anfängliche Denken aufgebracht wurde, findet nun ein neues Betätigungsfeld. Zunächst einige Beispiele:

Ein vierjähriges Kind sieht, wie die Mutter wäscht. Es holt sich einen leeren Korb, bedeckt den Boden mit Eicheln und Kastanien (als Waschpulver), holt einige Tücher und "wäscht" nun auch. Nach kurzer Zeit hat es die Eicheln und Kastanien in ein Tuch gesammelt und als Sack über die Schulter gehängt. Mit schweren Schritten und gebeugter Haltung geht es auf die Mutter zu und bietet ihr Kohlen an. Diese werden ausgeleert und das Tuch locker über den Korb gebreitet. Eine "Badewanne" ist entstanden. Nun wird das Puppenkind gebadet, eine Kastanie gilt als Seife. Dann dient das Badewannentuch als Badetuch, eine Eichel als Milchflasche.

Ein anderes vierjähriges Kind findet beim Kaminholz ein Aststück, das der Länge nach halbiert ist. Es scheint ihm als Bügeleisen geeignet. Ein kleines rundes Aststück ist der Wäschesprenger. Unter Zuhilfenahme eines weiteren runden Aststückes ist aus dem Bügeleisen samt Wäschesprenger kurz darauf eine Dampfwalze geworden, die gebügelten Tücher zur Strasse. Nach einer Weile hat sich die umgedrehte Walze in ein Boot verwandelt mit Steuermann und Kapitän. Es ist nun Mittelpunkt, um den herum ein Bootshaus und ein Hafen entstehen.

Diese Beispiele mögen genügen, um das Charakteristische dieser Altersstufe deutlich werden zu lassen. Am auffallendsten ist wohl jetzt jene Fähigkeit am Kind, die es ihm ermöglicht, einfache, anspruchslose Dinge zu "richtigen" Gegenständen aus seinem Lebensbereich zu machen (Klotz-Bügeleisen; Kastanie-Seife). Seine Handlungen bzw. sein Spiel sind Nachahmung täglicher Erlebnisse, und zwar in ständig sich wandelnder, Neues entdeckender Weise und ohne von einem Zweck bestimmt zu sein. Es handelt sich hier keineswegs um unkonzentriertes Spielen, sondern um ein hochgradiges inneres Engagement kindlicher Produktivität, d.h. schöpferischer Phantasie.

Die Zeit vom 5. bis 7. Jahr

Die dritte Stufe ist dadurch gekennzeichnet, dass die Anregung zu einer Handlung nicht mehr nur von aussen z.B. aus der Gegenstandswelt erfolgt, wie in der vorher geschilderten Phase, sondern mehr und mehr vom Kinde selbst ausgeht. Es ist das Spiel zwar immer noch an der tätigen Erwachsenenwelt orientiert, aber bevor es zu einer Spieltätigkeit kommt, entsteht im Kind ein Bild, eine Vorstellung von dem, was es tun möchte.

Zum Beispiel haben sich vier fünfeinhalb- und sechsjährige Kinder zu einem Mutter-Kind-Spiel zusammengefunden. Es wird genau beraten, wer welche Funktion übernehmen soll. Als die "Mutter" den Tisch decken will, entbehrt sie zu den vorhandenen Holztellern richtige Tassen, Untertassen, Kaffee- und Milchkanne. In einem Korb mit lauter dünnen Holzscheiben und kleinen Aststücken findet sie das Gesuchte. Während der Mahlzeit entsteht plötzlich ein neues Vorhaben: die Wohnung soll in eine Arztpraxis umgewandelt werden. Davon ist bei diesen Kindern offensichtlich ein deutliches Erinnerungsbild vorhanden. Nachdem die Möbel gerückt sind, wodurch ein Behandlungs- und ein Wartezimmer entstanden sind, geht es an die Feinheiten. Zum Beispiel Spritzen, Abhörgeräte, Verbände, Arzneifläschchen werden aus Stöcken, Tüchern und Bändern

in einfachster Art hergestellt. Behutsam werden die "Kranken" gebettet und weitere "Kranke" mit aus Tüchern gefalteten "Illustrierten" im Wartezimmer vertröstet.
Eine andere Gruppe fünfeinhalb- und sechsjähriger Kinder baut sich mit Aststücken, Rinden, Tannenzapfen, Kieselsteinen und einfachen geschnitzten Tier- und Menschenfiguren auf dem Fussboden ein Bauernhaus mit Ställen, Brunnen, Weiden und Äckern. Die Stuben werden gemütlich eingerichtet, die Tiere versorgt, der Schäfer wird mit seinen Schafen auf die Weide geführt. Über viele Tage können die Kinder daran weiterbauen. Sie ergänzen hier, verwandeln dort, weil offenbar ihre aus dem Innern aufsteigenden, ständig regsamen Vorstellungsbilder nicht mehr mit dem zuerst Geschaffenen übereinstimmen.
Die Phantasie der zweiten Spielstufe, die übersprudelnd das Kind ständig zu neuem Tun veranlasste, tritt nun - stärker mit Vorstellungen durchsetzt - mehr und mehr in zielvollem Handeln auf. Zum Beispiel denken sich die Kinder jetzt gerne kleine zusammenhängende Geschichten aus, die sie entweder mit Puppen oder selbst mit Tüchern verkleidet für andere Kinder spielen. Auch zeigt sich die Phantasie besonders beim Formen mit Bienenwachs, Ton, bei einfachsten Handarbeiten und beim Malen sowohl mit flüssigen Wasser- als auch mit Wachsfarben.

Die drei Stufen zusammenfassend kann also gesagt werden, dass sich das Kind bis etwa zum siebten Jahr in immer neuer Weise die Welt durch tätiges Spielen erobert. Dieses bewegte Tun erschliesst dem Kinde eine Fülle von Empfindungen, Sinneseindrücken, sinnvollen Zusammenhängen und schliesslich auch Vorstellungen, Erfahrungen und Einsichten. Es ist Lernen, das eine Universalität kennzeichnet, die dem Erwachsenen durch exaktes Beobachten Schritt für Schritt zugänglich werden kann. Dabei ist Wert darauf zu legen, dass das Kind jede dieser Stufen in der geschilderten Weise durchleben kann und nicht durch verfrühte Gedächtnisinhalte und Abstraktionen an seiner vielseitigen Entfaltung gehindert wird.

Wie wirken Sinneseindrücke auf das Kind?

Ein wesentlicher Charakterzug der ersten sechs bis sieben Lebensjahre des Kindes ist die Hingabe an die Umwelt. In der starken Nachahmungskraft wird es besonders deutlich und auch durch die Tatsache, dass das kindliche Empfinden und Bewusstsein noch ganz an die Vorgänge und Gegenstände der Umgebung gebunden sind. Erst durch das allmähliche Erwachen des Bewusstseins gegen Ende dieser Entwicklungszeit wird das Kind fähig, freie Vorstellungen zu bilden. Die Eindrücke, die ja nur über die Sinne aufgenommen werden, können daher in den ersten Kindheitsjahren noch nicht vom Bewusstsein verarbeitet werden, sondern gelangen tiefer in den Organismus hinein und üben einen bleibenden Einfluss auf die sich in dieser Zeit bildenden Organfunktionen und -strukturen aus. Man kann auch sagen, das Kind ist mit allem, was es erlebt, wie ein Plastiker innerlich an seinen Organen tätig, denn es lässt alles von aussen hereinwirken und die Organe mit "beeindrucken". Eltern und Erzieher - nehmen sie diesen Gedanken der "Einverleibung" aller frühen Erlebnisse nur ernst genug - werden darauf bedacht sein, die Umgebung des Kindes möglichst gesundend, harmonisierend, förderlich zu gestalten. Wenn man von der in sich so reich gegliederten Welt der Farben einmal absieht, so soll die besondere Bedeutung alles dessen, was durch das Ohr an das Kind herantritt, hervorgehoben werden. Was da die Stimme der Mutter, ihr Sprechen oder Singen, der zarte Klang eines Saiteninstrumentes wie der Leier, bewirken können, ist leicht einzusehen. Man braucht sich nur energisch genug in einen Vergleich mit den Geräuschen technischer Übermittlungsgeräte (Radio, Schallplatten) einzufühlen, um zu verstehen, wodurch ein fein nuanciertes Hören gefördert oder verdorben werden kann.

Es wird unmittelbar einleuchten, dass diejenigen Eindrücke, die aus dem für das Kind erlebbaren Umgang der Menschen miteinander herrühren, von allergrösster Wirkung sind. Von Fröhlichkeit und Aufrichtigkeit, Liebe und Vertrauen, Gedankenklarheit und Lebenssicherheit....aber auch von allem Gegenteiligen, hängt die Prägung der kindlichen Leibesprozesse und damit alle künftige Gesundheit ab.

Das Spielzeug

Die Beispiele der Spielsituationen zeigten schon, dass es sich bei dem Spielzeug um äusserst einfache Dinge handeln kann; wobei die Einfachheit sich nur auf die Art der Ausgestaltung bezieht. Denn es soll gerade das Spielzeug dem Kind die Möglichkeit geben, innerlich durch seine Phantasie in vielfältiger Weise aktiv zu werden. Auf die Qualität des Materials muss wegen der enormen Beeindruckbarkeit und Fein-Sinnigkeit des Kindes grösster Wert gelegt werden. Gegenstände aus dem organischen Bereich - naturbelassen oder wenig geformt - erscheinen besonders geeignet. In ihnen erreichte ein Naturprozess seinen wesensgemässen Ausdruck, in den sich die Seele des Kleinkindes welterfahrend hineinschmiegen möchte. Der technische Prozess der Herstellung von Plastikmaterial ist für das Kind noch ohne Bedeutung. Wenn Steine, Tiere, Gebrauchsgegenstände aus dem gleichen Kunststoff hergestellt werden, wird zum Beispiel der Tastsinn belogen und findet keine Anregung; die Phantasie darbt an der neutralisierten Perfektion des Kunststoffes und prallt an ihr zurück. Der hier und da für diese Materialien geltend gemachte Hygiene-Gesichtspunkt erweist sich bei näherem Zusehen in aller Regel als nicht wirklichkeitsgemäss. Nur ist für die überlegene Schönheit zum Beispiel eines Kieselsteines eben leider uns Erwachsenen oft der Sinn geschwunden.

Bis etwa zum dritten Jahr genügen zum Beispiel folgende Dinge: Ein Korb mit verschieden grossen Aststücken als Bauklötze; ein weicher Ball; verschiedene Körbe und Holzschüsseln, die sowohl zum Einfüllen und Ausleeren als auch als Pferdewagen oder -schlitten verwendet werden können; ein einfacher Korbpuppenwagen mit einem aus einem Tuch grosszügig geknoteten Puppenkind, mehrere einfarbige Tücher (Nessel oder Popeline, ca. 80 : 150 cm), die als Teppich oder zum Hausbauen und auch zum Verkleiden verwendet werden können.

Günstig ist es, wenn alle diese Dinge in einem offenen Regal untergebracht und somit dem Kind stets zugänglich sind. Das ist auch für das Aufräumen wichtig. Besonders glücklich ist es, wenn sich dieses Regal bzw. die Spielecke des Kindes unmittelbar in der Nähe des mütterlichen Arbeitsplatzes befindet, so dass die Mutter immer vom Kind gesehen werden kann. Am liebsten ist ja das Kind unmittelbar neben der Mutter tätig, doch ist das aus Gesichtspunkten der Gefahrenverhütung nicht immer möglich.

Mit etwa dem dritten Jahr ist es sinnvoll, dem Kind einen kleinen Tisch und ein Stühlchen in seine Spielecke zu stellen. Auch ein Schaukelpferd ist jetzt angebracht. Zum Abtrennen der Spielecke oder als Kaufmannsladen eignen sich einfache Holzständer, die aus Latten zusammengefügt und mit einfarbigen Tüchern behängt werden (Höhe ca. 1 m, Breite 1 m). Das Spielzeug kann nun vermehrt werden durch weitere Körbe mit Rinden, Kiefernzapfen, Steinen, Muscheln, Schafwolle (ungesponnen), kleineren Tüchern, einfachen Menschen- und Tierfiguren. Für den Garten sind folgende Dinge sinnvoll: Ball, Hüpfseil, Holzreifen, Schubkarre, Spaten, Rechen.

Wenige gute Bilderbücher mögen dieser Aufzählung eine gewisse Vollständigkeit geben. Es braucht bis zum Schuleintritt des Kindes eigentlich nichts hinzugefügt zu werden. Denn nach dem fünften Lebensjahr kann das Kind die jetzt erwachenden mit Phantasie durchsetzten Vorstellungen willentlich benützen, indem es sich geeignete Dinge sucht und sie durch innere Anstrengung zu dem macht, was seinem Vorstellungsbild entspricht. Nicht mehr und womöglich ausgeprägteres, raffinierteres Spielzeug fördert das Kind, sondern die vom Kind selbst aufgebrachten Kräfte. Und diese geben gerade die Möglichkeit, am gleichen Ding, wenn es nur urbildlich genug gehalten ist, sich mit den jeweils neu erwachenden Fähigkeiten zu betätigen. Zum Beispiel genügt einem bis etwa dreijährigen Kind vollauf eine Puppe, die aus einem Tuch mit einem Knoten als Kopf (oder mit einem mit Schafwolle gefüllten und abgebundenen Kopf) entstanden ist. Die Puppe ist ja dem Kind das Abbild des Menschen. Der Kopf ist daran das Wichtigste. Alles andere, worauf beim Herstellen durch Erwachsene bewusst verzichtet wird, muss das Kind mit seiner Phantasie hinzufügen. In der zweiten Spielstufe werden solch einem Puppenkind gerne aus zwei Zipfeln Hände geknotet, es wird dann in viele Tücher gewickelt, singend auf dem Arm herumgetragen oder aufgeknotet und anderweitig im Spiel verwendet. In der dritten Spielstufe wird es oft noch reich ausgeschmückt, zum Beispiel mit aus feinen Tüchern abgebundenen Zöpfen versehen. Es wird gebadet, gewickelt, gefüttert usw., und es werden an ihm Tränen gesehen und Wohlbehagen festgestellt.

Es muss nun gesagt werden, dass ein in dieser Weise zusammengestelltes Spielzeugangebot in einem Waldorfkindergarten für die Bedürfnisse aller Kinder ausreicht und kompromisslos eingehalten werden kann. Schwieriger ist es natürlich im Elternhaus. Doch darf die Wichtigkeit - weil Wirksamkeit - des dem Kinde zur Verfügung stehenden Spielzeuges nicht unterschätzt werden. Der Satz "es spielt ja nur damit" geht völlig an Ernst und Bedeutung der Sachlage vorbei. Man sollte deshalb auch gegenüber den Geschenken der lieben Verwandtschaft eine gebührende Strenge walten lassen. Die Entwicklung des Kindes sollte wohlmeinender Rücksichtnahme gegenüber den Erwachsenen vorgezogen werden.

Erlebt das kleine Kind die Spiele grösserer Geschwister, so ist das durchaus lebensgemäss, und man braucht es nicht aus Angst vor Verfrühung davon fernzuhalten. Mit ein wenig Geschick wird man allerdings darauf achten, dass es seine Spielecke behält und darin zeitweise auch seinem Alter entsprechend spielen kann.

Da es für manche Eltern aus vielerlei berechtigten Gründen nicht möglich sein mag, Spielzeuge in der hier geschilderten Art erstens zu beschaffen und zweitens die Kinder damit zum Spielen anzuregen - was in der Familie sicherlich schwieriger ist als in einer Kindergartengruppe -, sei ein Hinweis gegeben auf das Holzspielzeug zum Beispiel von der Firma Decor. Hier wird versucht, so weit das auf maschinellem Wege möglich ist, annähernd plastische Formen zu erzielen und die Beschaffenheit des Holzes zu erhalten, das heisst, es zum Beispiel nicht mit Farbe zu überdecken. - Eine sorgfältige Auswahl besonders in Bezug auf die Altersstufe des Kindes ist sehr zu empfehlen. In guten Spielzeugläden ist einzelnes davon erhältlich.

Zum sogenannten technischen Spielzeug ist zu sagen, dass es durchaus auch seine Berechtigung hat, aber jede Art in einem ganz bestimmten Alter. Hier gilt der Grundsatz, dass es immer für das Kind durchschaubar sein sollte. Man braucht sich sonst nicht zu wundern, wenn es alles kaputt macht. So kann es sich für das Kind im ersten Jahrsiebt nicht um eine elektrische Eisenbahn oder ein ferngesteuertes Auto handeln. Dagegen ist das heute noch in Russland für den Tourismus hergestellte sogenannte bewegliche Spielzeug zu empfehlen; zum Beispiel zwei an verschiebbaren Leisten befestigte sägende Männer oder im Kreis angeordnete pickende Hühner, die durch Fäden nach unten mit einer schwingenden Kugel verbunden sind.

Die Puppe, eines der bedeutendsten Spielzeuge

Wenn es beim Spielzeug hauptsächlich darauf ankommt, dass die Kräfte der Phantasie angeregt werden und darüber hinaus vom Spielgegenstand selber lebendige organische Eindrücke vermittelt werden sollen (deshalb Aststücke und nicht mathematisch strukturierte Bauklötze), so gilt das in besonderem Masse für die Puppe. Die Puppe ist das Bild des Menschen und damit für jedes sich heranentwickelnde Menschenwesen dasjenige Spielzeug, das am meisten sein eigenes Gestaltwerden in der Phantasie herausfordert und belebt. Das hat zweierlei ungemein wichtige Konsequenzen. Erstens wäre es töricht, den Umgang mit diesem Spielzeug unter dem Missverständnis "mütterlichen Tuns" Mädchen zuzuordnen und Buben vorzuenthalten. Eine solche Unterscheidung der Geschlechter hat keine pädagogische Bedeutung und übersieht, worauf es in diesem Lebensalter ankommt. Zweitens wäre es unter diesem Aspekt das Falscheste, was man tun kann, eine solche Puppe mit allen anatomischen Einzelheiten zu versehen, sie technisch so zu perfektionieren, dass sie zum Beispiel die Augen aufschlägt, richtig gefüttert werden kann, die Windeln nässt usw.

....Das Kind kommt dann gerade an diesem bedeutendsten Spielzeug nicht genügend zum Hervorbringen seiner Phantasiekräfte. Diese wollen sich aber betätigen und verkümmern oftmals nur, weil sie nicht genug Arbeit mehr finden, durch die sie erstarken können. Ebenso wie Muskelpartien des Menschen durch wiederholte Anspannung gestärkt werden, verhält es sich entsprechend mit den Kräften der Phantasie. Man braucht sich auch nicht zu wundern, wenn Kinder gegenüber den dauernd sich überbietenden Raffinessen der Puppen immer anspruchsvoller werden. Der Reiz des Neuen ist oft sehr schnell vorbei, da das ständig ganz gleiche und darin so armselige Tun, zu dem die technischen Vorrichtungen (wie zum Beispiel das "Sprechen") zwingen, langweilig werden. Auf das Geschmacklos-Unkünstlerische eines in maskenhaft starrer Geprägtheit verharrenden süsslichen Lächelns auf Puppengesichtern oder der töricht wirkenden Fingerstellungen einer sogenannten "schönen" Jahrmarktpuppe sei nur am Rande hingewiesen.

Ein ganz einfaches nur aus einem Tuch geknotetes Puppenkind kann aufgrund der von der Phantasie erzeugten unerschöpflichen Fülle durch nichts überboten werden. Es wird ja solch ein geknotetes Tuch erst durch die Phantasie überhaupt zur Puppe und damit zum lebendigen Abbild des Menschen. Jede nur erdenkliche Wahrnehmung von Menschen kann mit Hilfe dieser Fähigkeit immer wieder nur sich wandelnd und, in keiner Weise festgelegt, an der Puppe nachgebildet, nachvollzogen werden.

Es gibt heute viele Kinder, bei denen die Phantasiekräfte schon so weit verkümmert sind, dass sie mit solch einer Knotenpuppe nichts anzufangen wissen und hier auf die Hilfe der einsichtigen Mutter angewiesen sind. Es ist dann oft erstaunlich, wie schnell solcher Verlust wieder wettgemacht werden kann, wenn nur die dazu notwendigen Dinge dem Kind gegeben werden. Nach dem fünften Lebensjahr ist dies allerdings nur noch in sehr geringem Masse möglich. Findet die Mutter aus Einsicht zu der Knotenpuppe selbst eine echte Beziehung, so kann diese vom Kind nachgeahmt werden. Gelingt es ihr nicht, wofür es viele verständliche Gründe gibt, so ist es weit besser, sie näht eine einfache mit Schafwolle ausgestopfte Gliederpuppe mit einfachen Kitteln, als dass sie ihrem Kind eine fertige Puppe aus dem Spielzeugladen in die Hand gibt.

Spielfähigkeit - Lernfähigkeit

Kinder, die spielen können, kennen wohl kaum das Gefühl der Langeweile. Sie finden überall geeignete Dinge oder Situationen, die sie zum Spielen anregen. Sei es auf einer Wanderung bei einer Rast, wo sie gleich anfangen, Blätter, Steine und Stöckchen zusammenzutragen, mit denen sie etwas gestalten, oder in einem Wartezimmer, wo sie sich unter Umständen eine lange Zeit mit einem Taschentuch beschäftigen können, das als Menschen- oder Tierwesen geknotet, Anlass zu Zwiegesprächen oder kleinen Geschichten gibt. - An den vorangehenden Abschnitten konnte deutlich werden, dass die Gestaltung von Spielraum und Spielzeug einen entscheidenden Einfluss auf die Entwicklung des Kindes ausübt. Zum Spielraum gehören nicht nur die ausgesparten Spielecken in der Wohnung, im Garten, auf der Strasse, sondern auch die Räume, in denen erwachsene Menschen bei ihrer täglichen Arbeit gesehen werden können, denn durch das Erleben ihrer Tätigkeit kommt das Kind zum selbständigen Tun. Die Erwachsenenarbeit oder die miterlebten Lebenssituationen im Spiel mehr und mehr nachvollziehen können, heisst, lernend sich ins Leben hineinzufinden. Je weniger ein Kind an perfektionierten Dingen bekommt, desto mehr muss es mit eigener Kraft leisten. Das ist für die Anfertigung oder Auswahl von Spielzeugen entscheidend. Die beim Spielen aufgebrachten Kräfte wandeln sich in Fähigkeiten, die in späteren Jahren für schulisches und berufliches Lernen von grossem Wert sind.

Aus "Erziehungskunst" 7/8, 1971, Monatsschrift zur Pädagogik Rudolf Steiners, herausgegeben vom Bund der Freien Waldorfschulen, Stuttgart, Haussmannstrasse 46.

Literaturhinweis:

Herbert Hahn "Vom Ernst des Spielens"
J.Ch. Mellinger-Verlag, Stuttgart

Heidi Britz-Crecelius "Kinderspiel - lebensentscheidend"
Verlag Urachhaus, Stuttgart

Willi Aeppli "Sinnesorganismus-Sinnesverlust-Sinnespflege"
Verlag Freies Geistesleben, Stuttgart

Anke-Usche Clausen und Martin Riedel
"Plastisches Gestalten in Holz" Band III
Mellinger Verlag, Stuttgart

Bezugsquellen:

Schafwolle und Krempelflor:

Gerhard Dieckhoff, Paderborn-Elsen
4791 Elsen, Postfach 333

Goldvlies GmbH.,
866 Münchberg, Postfach 366

Seidenreste:

Paula Neuman,
CH-4143 Dornach, Herzentalstrasse

KINDER- UND JUGENDBÜCHER

Die sechs Schwäne

Märchen der **Brüder Grimm**, mit Bildern von **Adrie Hospes**. Vierfarbiger Offsetdruck, 28 Seiten, Pappband

«Traumverhangen lichte, bei aller Zartheit märchengerechte Schöpfung einer jungen, begabten Künstlerin. Glücklich die Kinder, welche dergleichen bekommen!»
Die Tat, Zürich

Dornröschen

7 Sechsfarbendrucke 40 × 31 cm nach Bildern von **Gerard Wagner**, Text nach **Brüder Grimm**. Hrsg. von der Kultur-Therapeutischen Gemeinschaft Stuttgart. Pappband

«Das sind Heil-Bilder, die der zerstörenden Bilderkrankheit unserer Zeit und Zivilisation entgegenwirken. Man schaut sich, innerlich und äußerlich Bilderlebend, gesund. Eine seltene Kostbarkeit!»
Gegenwart

Die Erdenreise des kleinen Engels

Ein farbiges Bilderbuch für Kinder
Von **Hilda Herklotz**
4. Auflage, Pappband

Hier wird in herrlichen farbigen Bildern gezeigt, wie der kleine Engel vom Himmel aus die ganze Erdenschöpfung erlebt, bis er über die große Regenbogenbrücke selbst hinuntersteigen darf.

Das Gänsebuch

Ein Bilderbuch von **Ivo de Weerd**, Text von **Tjerk Zijlstra**. Vierfarbiger Offsetdruck, 28 Seiten, Pappband

«...die Formen sind reizvoll, gelegentlich von überraschender Vielfalt. Ein Buch mit hohem Anspruch.»
Jugendschriftenausschuß Niedersachsen

Mein kleiner Regenbogen

Ein Bilderbuch von **Karlheinz Flau**,
Text von **Winfried Paarmann**.
Acht vierfarbige Doppelblätter (unzerreißbar), Spiralbindung

In diesem ersten Bilderbuch kann sich eine erste Begegnung des Kindes mit dem Zauber der Welt vollziehen: Aus dem großen kosmischen Kreis der Sternen- und Sonnenwelt geht ein innerlich wahrer Weg zur Erde und ihren Geschöpfen: den Steinen, Pflanzen, Tieren, schließlich zum Menschen und der von ihm geschaffenen Welt. In farbschönen, kräftigen Bildern und in ruhiger, rhythmisch getragener Sprache wird dem Kind von den "offenbaren Geheimnissen" unserer Erde erzählt.

Wie die Sterne entstanden

Norwegische Natursagen, Fabeln und Legenden erzählt von **Dan Lindholm**.
Mit Holzschnitten von G. Munsterhjelm.
3. Aufl., 55 Seiten, Pappband

Die Stimme der Felswand

Natursagen, Märchen und Schwänke aus Norwegen erzählt von **Dan Lindholm**.
Mit Illustrationen von H.G. Sörensen, 72 Seiten, Pappband

«Die Sammlung kann sich sehen lassen. Besondere Perlen sind die Tiermärchen, aber auch die Schwänke sind köstlich, und das Besinnliche fehlt nicht.»
Bücherschiff

Kindertag

Neue Gedichte von **Hedwig Diestel**
2. Auflage, 80 Seiten, kartoniert
(zum Vorlesen ab 2 J.)

VERLAG FREIES GEISTESLEBEN STUTTGART

Arbeitsmaterial aus den Waldorfkindergärten

2 Getreidegerichte — einfach und schmackhaft
Von **Freya Jaffke**
2. Aufl., 52 Seiten, kartoniert

3 Färben mit Pflanzen
Textilien selbst gefärbt. Historisches und Rezepte für heute, dargestellt und illustriert von
Renate Jörke
72 Seiten, kartoniert

4 Singspiele und Reigen
für altersgemischte Gruppen. Aus dem Waldorfkindergarten Hamburg zusammengestellt von Suse König

5 Kleine Märchen und Geschichten
zum Erzählen und für Puppenspiele. Gesammelt bei der Vereinigung der Waldorfkindergärten Stuttgart

6 Rhythmen und Reime
Gesammelt von Christa Slezak-Schindler

Plan und Praxis des Waldorfkindergartens
Herausgegeben von **Helmut von Kügelgen.** 87 Seiten
Aus dem Inhalt:
Vorschulerziehung aus den Anforderungen des Kindes — Vom Spielen und Freuen — Erleben des Tag- und Jahreslaufs — Willensbildung und das künstlerische Element — Märchen — Wie Eltern die Lernfähigkeit ihrer Kinder vorbereiten
— Gedanken eines Arztes — Winke zur Selbsterziehung — Aufgaben der Waldorfkindergärtnerin, Aus- und Fortbildung

VERLAG FREIES GEISTESLEBEN STUTTGART